COLLECTION D'HISTOIRE D'ALSACE ET DE LORRAINE
Publiée par L'*Alsacien-Lorrain*

LA SEIGNEURIE ET LE CHATEAU
D'ORTEMBERG
AU VAL DE VILLÉ
SOUS LA DOMINATION BOURGUIGNONNE
(1469-1474)

PAR

CH. NERLINGER
ARCHIVISTE-PALÉOGRAPHE
ATTACHÉ A LA BIBLIOTHÈQUE NATIONALE

PARIS
CHARLES SCHLAEBER, IMPRIMEUR-ÉDITEUR
257, rue Saint-Honoré, 257

1894

Offert à la Bibliothèque Natio[nale]

COLLECTION
D'HISTOIRE D'ALSACE ET DE LORRAINE

PUBLIÉE PAR

L'ALSACIEN-LORRAIN

COLLECTION D'HISTOIRE D'ALSACE ET DE LORRAINE
Publiée par l'*Alsacien-Lorrain*

LA SEIGNEURIE ET LE CHATEAU
D'ORTEMBERG
AU VAL DE VILLÉ
SOUS LA DOMINATION BOURGUIGNONNE
(1469-1474)

PAR

CH. NERLINGER
ARCHIVISTE-PALÉOGRAPHE
ATTACHÉ A LA BIBLIOTHÈQUE NATIONALE

PARIS
CHARLES SCHLAEBER, IMPRIMEUR-ÉDITEUR
257, rue Saint-Honoré, 257

1894

A MON AMI

THÉODORE DANGLER

LA SEIGNEURIE ET LE CHATEAU

D'ORTEMBERG

AU VAL DE VILLÉ

SOUS LA DOMINATION BOURGUIGNONNE

(1469-1474)[1]

CHAPITRE Ier

DESCRIPTION

Le château d'Ortemberg a joué un grand rôle dans l'histoire de la courte occupation de la Haute-Alsace par le duc de Bourgogne. Sa prise, par l'intrépide et audacieux Pierre de Hagenbach, fut un coup de foudre qui porta l'effroi chez les chevaliers pillards qui infestaient le pays. Ils disparurent tant que régna ce gouverneur à la rude poigne et ne reparurent qu'après sa chute. Les nombreux documents conservés à Dijon, à Innsbruck, à Lille, à Strasbourg, à Paris, nous permettent de re-

---

[1]. Au début de ce travail nous ne pouvons nous défendre de mentionner avec une gratitude toute particulière l'aimable obligeance avec laquelle un de nos plus érudits collectionneurs d'alsatiques, M. Charles Mehl, a secondé nos recherches en mettant très amicalement et très libéralement à notre disposition sa riche bibliothèque qui nous a été d'un précieux secours. Nous l'en remercions ici très vivement.

constituer assez exactement l'histoire de la seigneurie et du château durant ces cinq années.

Le château d'Ortemberg se dresse sur une hauteur escarpée, dominant le débouché des deux vallées de Villé et de Sainte-Marie-aux-Mines. Il en garde une sortie tandis qu'en face de lui le château de Frankenbourg garde l'autre. Situé à une lieue environ de Schlestadt, Ortemberg est l'une des plus anciennes forteresses féodales de notre pays. Elle était jadis le chef-lieu d'une seigneurie qui ne prit que plus tard le nom de seigneurie de Villé. On ne sait rien de bien certain sur son origine, malgré l'affirmation de Schœpflin qui en attribue la fondation, vers l'an 1000, à un Wernher d'Ortemberg. Ses possesseurs varièrent fréquemment jusqu'à ce qu'il passa aux mains des Habsbourg, qui, à leur tour, le vendirent à la famille patricienne des Mullenheim de Strasbourg, avec la plus grande partie de la seigneurie. Ce sont eux qui en étaient les possesseurs principaux, quand Charles le Téméraire succéda aux Habsbourg en Alsace.

Tout ce territoire, dont nous venons d'esquisser à grands traits l'histoire, était dominé par le fort château d'Ortemberg, dont le donjon est encore visible de plusieurs lieues à la ronde. Il se dresse sur un grand rocher granitique, inaccessible de tous côtés, sauf vers le nord. C'est là que se trouvait au XVe siècle, et que se trouve encore aujourd'hui, l'entrée principale du château.

Voici la description sommaire qu'en fait Mougin Contault dans son rapport de l'an 1473.

« C'est une belle place et forteresse, d'assez bonne espacée et bien logeable, assise sur un hault rocq ; et y a bonne et forte muraille bien deffensable, et devant, y a belle bassecourt dez laquelle l'on ne peult grever ne porter dommaige audit chastel, mais plustost ceulx de ladite place pourroient porter dommaige à ceulx qui tiendroient ladite bassecourt, tellement qu'ilz seroient contraints d'en vuyder, quant ores il ne auroit en ladite place que X ou XII hommes deffensables, fournis de vivres et d'artillerie, lesquelz X ou XII hommes seroient souffisans pour tenir et garder ladite maison bien longuement, s'il n'y avoit siege de bien grant prinse, et quant oires, ladite bassecourt et ledit chastel seroient prins, si se pourroient retraire, ceulx dudit chastel, en une grosse tour, qui y est, et la tenir tant qu'ils auroient vivres et artillerie en attendant secours[1]. »

Après avoir pénétré par une première porte, surmontée d'une meurtrière cruciforme, on se trouvait dans une première et large enceinte, fermée à gauche par de solides remparts, couronnés de créneaux et munis d'un chemin de ronde, contre lesquels s'appuyaient de grandes étables, récemment construites, pour contenir le bétail nécessaire à l'entretien de la garnison ; à droite s'élevait le massif granitique sur lequel se dressait le château proprement dit. Pour arriver à la porte d'entrée, munie d'un pont-levis, il fallait s'engager dans un chemin de défilement étroit qui montait, en pente rapide, tout le long de la façade du château.

Cette deuxième porte à la voûte épaisse franchie, on se trouvait dans la véritable enceinte du château. Une cour de peu d'étendue séparait la maison d'habitation, qui se trouvait à gauche, du donjon et des logements de la garnison qui se trou-

---

1. Rapport de Coulault de 1473. Il ajoutait aussi : « que ladite place et forteresse de Ortemberg est bien necessaire et propre à monditseigneur pour ce qu'elle tient en crainte ceulx qu'il vouldroient entreprendre à lui faire guerre oudit pays, car quant il auroit gens de guerre dedans ledit chastel, ils pourroient empescher ceulx qui vouldroient adommaiger ledit pays, et entreprendre sur eulx, tellement qu'ilz romproient et se depporteroient de leurs entreprinses, et, pour ceste cause, sont ou pays plusieurs bonnes villes, gens de guerre et autres qui desireroient bien la demolicion de ladite place et il leur feust cousté bien grant chose, pour ce qu'ilz ne auroient point de crainte de conduire leurxdites entreprinses sur les pays et subjectz de monditseigneur et les grandement dommaiger; se ladite place estoit prinse sur monditseigneur, ou qu'elle feust desmolie ou en ruyne, monditseigneur et sesditz pays et subjectz y pourroient avoir dommaige inextimable pour les causes desusdites ». (Ibid., fol. 30 verso, 31 recto). Dans leur tournée d'enquête faite en 1471, Jean Poinçot et Jean Pillot en donnent la brève description suivante : « lequel chastel est une tres belle petite place forte et bien recueillie, où il y a une bonne et grosse tour quarrée et trois portes avans que l'en soit au milieu dudit chasteau; et à l'entour de la muraille y a faulces bruyes où l'en fait de grandes estables ». (Arch. Côte-d'Or, B. 1050, fol. 8 verso.)

vaient à droite. M. l'abbé Nartz a donné une description précise de l'état actuel des ruines qui nous permet de nous faire une idée de la disposition des lieux au xv° siècle, disposition qui n'a pas dû varier beaucoup depuis[1].

Du côté est, nous trouvons en contre-bas d'abord un rez-de-chaussée, éclairé par trois meurtrières suivant la déclivité du sol extérieur et une quatrième sur la face sud. Au-dessus s'étendait au premier étage une première salle percée de cinq fenêtres ogivales bilobées; une seconde et peut-être une troisième salle, à deux fenêtres, suivaient. Les poutres de leurs planchers reposaient sur de solides corbeaux, non armoriés, fortement encastrés dans le mur.

A l'ouest nous trouvons également un corps de logis composé d'un rez-de-chaussée à sol inégal, percé de trois meurtrières, surmonté d'un premier étage et d'un second, en retrait sur le premier, crénelé et muni d'un chemin de ronde.

Enfin, au sud, un autre bâtiment reposant sur un rez-de-chaussée à pente inégale et n'ayant qu'un seul étage percé de trois fenêtres.

A droite de ces bâtiments se dresse le formidable donjon, encore muni en grande partie de sa forte chemise. C'est un des plus beaux spécimens de l'art militaire au moyen âge et d'une solidité remarquable. Encore aujourd'hui, il garde sa hauteur primitive, à peine dépouillé de quelques-uns de ses créneaux. On pénètre dans cette dernière enceinte en passant sous un grand arc-boutant, reliant un vaste pignon au mur d'enceinte même, c'est-à-dire au rempart ou à la courtine.

A gauche, entre ce pignon et le donjon, nous voyons trois étages de petits logements pour les besoins de la garnison. Un chemin de ronde intérieur, à trois étages, toujours suivant la pente rocailleuse du sol, contourne par une série de pans irréguliers, percés de meurtrières, le donjon proprement dit.

---

1. *Le Val de Villé*. Strasbourg, imp. de E. Bauer, 1887, in-8°, pages 65-66.

Celui-ci a la forme d'un pentagone irrégulier à l'extérieur, d'un trapèze à l'intérieur. La pointe nord, qui forme un massif de maçonnerie d'une extrême solidité, s'avance en éperon.

Chaque face du pentagone mesure environ sept mètres et l'épaisseur du mur dépasse souvent trois mètres. De rares meurtrières, largement ébrasées à l'intérieur, dont la disposition semble bizarre au premier abord, mais était admirablement calculée pour la défense du château, s'échelonnent d'étages en étages. Du temps de Pierre de Hagenbach le donjon avait quatre étages « dez le bas jusques à ladite coiffe (toit), esquelx, dit le commissaire bourguignon Jean Poinçot, l'on porroit faire de belles chambres à la manière du pays qui les vouldront maisonner, qui pourroient coster, tant pour la hous comme pour ouvraiges, environ XX livres estevenans »[1].

Le château d'Ortemberg ne se trouvait pas précisément en excellent état, cependant il était mieux entretenu que celui de Thann, comme nous l'avons vu dans une étude précédente[2]. Il n'avait pas eu grandement à souffrir du siège que dirigea contre lui Pierre de Hagenbach, car la place se rendit presque immédiatement au tout-puissant grand-bailli; néanmoins, à peine en possession de cette forte place, celui-ci se mit incontinent à l'ouvrage, fit réparer toutes les parties qui menaçaient ruine, de façon à la rendre imprenable. Le rapport de Poinçot et de Pillet nous fournit à ce sujet les détails les plus précis qui ne manquent pas d'intérêt.

Tout d'abord, il fit réparer le toit du donjon qui était pourri, ou comme dit Poinçot, il fit « recouvrir la coiffe de la grant tour qu'est couverte d'aissalles toutes poiriées et despeciez »[3]. Ensuite, il fit refaire « certain mur au boult des estables cy-

---

1. Rapp. de Poinçot et Pillet, fol. 9 verso. (Arch. Côte-d'Or, B, 1050.)

2. *Thann à la fin du* XV*e siècle*, p. 5, ou *Annales de l'Est*, 1891, p. 586.

3. Rapp. Poinçot, fol. 9, verso. Cette réparation était estimée à trois livres estevenans. La mise en état des quatre étages du donjon « *à la manière du pays* » ne devait pas coûter plus de 20 livres estev.

devant mentionnées, du costé de l'entrée dudit chastel, tant pour entretenir le chemin qui y chiet, comme pour soustenir le toit desdites estables, et pour ce costé a forny partie chault (chaux), sablum (sable) et le tout en place, comme l'a certiffié un nommé Mangin, maçon du moyen, qui a sermenté à monditseigneur la somme d'environ XVII florins d'or, lequel, pour ledit pris, a accepté la marchandise, que lui a esté délivrée par nous à l'advis des officiers dudit Ortemberg. Et se fornira menus ouvriers qui le serviront en ce qui lui sera nécessaire. Pour ce XVII livres, XVII sous estevenans [1]. »

La remise en état de ce mur ne paraissait pas suffisante à Pierre de Hagenbach pour la protection du château, et il demanda que « pour mieulx fortiffier ladite place d'Ortemberg, seroit bien fait de haulsser la muraille qu'est à l'entour dudit chasteau, à commencier dez le hault d'icelles estables, jusques aux gros murs qui font les maisonnemens, de petiz murs de quatre piedz de hault, d'un pied et demi de gros et y faire sept ou huit cranneaux, et, au boult desdites estables, devers l'entrée de la première porte, il seroit nécessaire de faire des degrez pour monter ou chaffault, qui souloit estre sur ladite première porte ». Cet important travail n'était estimé qu'à « cent florins d'or qui vaillent cent cinq livres estevenans » [2].

Pour assurer l'entretien de la garnison en cas de siège, on avait élevé dans la cour du château, près de la première porte d'entrée, des étables assez étendues, dont le prix de construction était revenu à 160 livres, un sou et six deniers esteve-

---

1. Rapp. Poinçot, fol. 9 verso : « Et au regart de la chault, l'on a desja compté XI^{xx} queuz, dont lui en a desja employé cent quarriz, et en demeure VI^{xx}, tant pour employé esdits ouvraiges, comme es autres, qui seront affaire, audit chastel. Item, que pour fournyr la partie qui sera nécessaire à faire ladite muraille des estables, tant pour la tirer, que pour le charroy, et mectre en place, pourra coster seize florins d'or vaillant XVl, XV^s est. »

2. Ibid., fol. 10 recto : « Pour faire ledit ouvraige déclaré en l'article cy-dessus, faudra avoir environ cent et cinquante quarrys de chault, au pris de trois sols quatre deniers le quarry, qui font en somme vingt quatre livres quinze sols dix deniers estevenans. Item. Pour quatre cens cinquante quarriz de sablum, au pris de douze deniers estevenans le quarry, pour fournyr l'ouvraige contenu audit article, vaillant vingt deux livres dix sols estevenans. »

nans[1]. Enfin, on avait construit aussi un moulin à bras qui avait coûté 23 livres. Poinçot et Pillet estimaient à 858 livres, 3 sous et 10 deniers estevenans la somme totale nécessaire pour les réparations à faire ou déjà faites au château d'Ortemberg.

Deux ans plus tard, quand Mougin Contault vint, à son tour, faire une enquête dans les pays récemment acquis, la plupart des réparations, indiquées précédemment, étaient déjà faites et il n'estimait plus qu'à la somme de 206 livres, 8 sous, 8 deniers tournois, celles qui restaient à faire. Le premier mur d'enceinte avait été mal réparé, aussi dit-il dans son rapport qu'il « convient parfaire et reffaire audit chastel grant partie de la muraille de la bassecourt, commencée et fendue en plu-

---

1. Le rapport de Poinçot nous donne le détail exact des dépenses qui ont été faites pour construire ces étables. Cette énumération, quoique un peu longue, est trop intéressante pour être passée sous silence : « Premièrement, pour huit douzaines de la hous de sappin, qui ont esté achetez pour faire des portes, une estable oudit chasteau et autres ouvraiges y necessaires, trois livres huit sols de ladite monnoie, revenant à la somme de six livres, seize sols estevenans. Item. Pour avoir admené et charroié en icellui chastel d'Ortemberg, dez environ une bonne lieue loing, deux cent soixante pièces de bois, duquel bois ont esté faites lesdites estables par marchié fait aux ouvriers et entaiché par ledit Hans Maire, commis à la garde dudit chastel, le receveur et autres officiers dudit Ortemberg, quarante trois florins d'or, qui vaillent à livres estevenans XLV l. III s. Item. Paié à ung nommé maistre Mathieu le charpentier pour copper et abbattre ledit bois, par marchié fait à lui et à ses depens et en taiche cinq florins d'or, vaillant cinq livres cinq sols estevenans. Item. Pour la charpenterie dudit bois, faite par Jehan Robelin et Mathieu son compaignon, par marchié fait à eulx par les dessusdits, vingt deux florins d'or demy, qui vaillent vingt trois livres douze sols six deniers estevenans. Item. Pour l'achat et façon des lectes pour lecter et couvrir ladite estable, qui sont au nombre de quatre cens lectes, dix-neuf sols monnoie dudit Ortemberg qui vaillent trente huit sols estevenans. Item. Pour l'achat de seize milliers de tieulles rondes coupées pour couvrir lesdites estables qui ne sont pas encore couvertes au pris de quinze sols de ladite monnoie le millier, vaillant pour tout vingt quatre livres estevenans. Item. Pour trois milliers de cloz pour clouer lesdictes lectes, trois florins d'or, vaillant trois livres trois sols estevenans. Et pour couvrir lesdites estables y a ung compaignon recouvreur, qu'est des soudoyés et gardes dudit chasteau d'Ortemberg, qui les pourra bien couvrir parmi ses gaiges. Item. Pour le charroy de quatre cens quarroiz de sablum, mis et employez à faire certains ouvraiges de maçonnerie à l'entour desdites estables, cinq livres de ladite monnoie, qui vaillent dix livres estevenans. Item. Au maçon qui a fait ladite muraille à chault et à arainne (sable) contenant environ quatre vingt toises, quinze florins d'or qui vaillent XV l. XV s. estév. Item. Pour l'achat de XI^{xx} quarroiz de chault mise et employée tant en ladite muraille comme pour le toit desdites estables soubz les tieulles, vingt florins d'or qui vaillent vingt une livres estevenans et pour charroyer ladite chault audit chastel, six florins d'or et dix huit deniers de ladite monnoie, qui vaillent six livres neuf sols estevenans, pour ce pour tout vingt sept livres neuf sols estevenans. »

sieurs lieux, parce qu'elle ne a pas esté affermye, ne bien faicte, et, peult contenir, ce qu'il est à reffaire et parfaire, environ soixante toises, tant de long que de hault »[1].

Le pont-levis était également en mauvais état, ainsi que les trois hourds qui avaient été élevés sur le mur d'enceinte et qui servaient à la défense du château. Il estimait à 36 livres tournois la somme nécessaire à ces réparations[2].

Ce château, dont nous venons de faire à grands traits la description, était aisé à défendre, grâce à sa forte assiette. Les enquêteurs bourguignons estimaient, comme nous l'avons vu, une garnison de dix ou douze hommes suffisante pour le garder contre toute surprise. Nous n'avons aucun renseignement sur le chiffre de la garnison qui l'occupait en réalité sous le gouvernement de Pierre de Hagenbach[3].

---

1. Contault est aussi précis que ses prédécesseurs : « *En chacune desquelles toises, dit-il, fauldra deux mesures de chaulx, qui sont six vingt mesures, qui au pris de dix huit deniers la mesure, monnoie de Strasbourg, courant audit Ortemberg, valent neuf livres qui à tournois valent 18 l. tournois. Item. Pour le charroy de ladite chaulx, dez le lieu de Scorista, où l'on l'a chargiée, jusques audit chastel distant d'une lieue, au pris de dix deniers la mesure, valant cinq livres qui à tourn. font 10 l. tourn. Item. Pour trois cent soixante mesures de sablon, y comprins la voiture, au pris de six deniers la mesure valent neuf livres qui à tourn. font 18 l. tourn. Item. Pour forestaige, traicte de pierres et voicture d'icelle necessaire à ladite muraille à la mener jusques audit chastel, cinquante florins d'or valent 55 l. tourn. Item. Pour la main de l'ouvrier pour faire lesdiz ouvraiges de maçonnerie soixante florins de Rin valent 66 l. tourn.* (Rapp. Contault. Archives Côte-d'Or, B, 1051, fol. 31-33.)

2. « *Est necessaire de refaire le pont-levis dudit chastel, ensemble trois chaffaulx sur la muraille de ladite bassecourt, qui pourroit couster, tant pour achat de bois comme pour la main de l'ouvrier, comme pour ferrure et pour la main de l'ouvrier, vingt deux florins qui à tourn. valent XXIII l. II s. tourn. Item. Pourra couster le charroy du bois necessaire pour lesditz pont et chauffaulx douze florins de Rin, valent à tourn. 12 l. 12 s. tourn. Et pour thieulle pour couvrir lesdiz trois chauffaulx environ seize cents de thieulle, chacun cent au pris de quatre sols huit deniers tournois, y comprins la voicture, valent 74 s. 12 deniers tourn.* » (Rapp. Contault, fol. 33. Arch. Côte-d'Or, B, 1051.)

3. Le seul renseignement que nous possédions relativement à la garnison d'Ortemberg est le passage suivant du rapport de Poinçot et Pillet : « *Item. A semblablement receu ledit Hans (Meyer), en la manière que dessus, une charre de vin et trois beufz qu'il a despensés pour les compaignons ains la garde dudit chastel d'Ortemberg. Sur lesquelles parties cy-devant a esté missionné et faite despense pour ledit receveur, selon qu'il nous a dit, de gros en gros, en la manière qui s'ensuit. Premièrement a missionné ledit receveur pour les estables, qui nouvellement ont esté faites, du chastel dudit Ortemberg VIII*^{xx}* livres ung sol VI deniers estevenans. Item. A encore missionné ledit receveur en plusieurs menues parties desclarez en six feulles, tant pour la despense de plusieurs compaignons de guerre estans oudit chastel, comme d'achat de boeufz, pourceaulx, eufz, beurre, fromaiges, litz et autres vivres et messaiges, montant à la*

Cette garnison était commandée par un capitaine-châtelain, qui était en même temps le lieutenant du grand-bailli dans la seigneurie. Ortemberg en eut deux successivement pendant la domination bourguignonne. Le premier avait été Louis Zorn, nommé immédiatement après la prise du château ; le second fut Jean Meyer de Huningue qui remplit ces fonctions de 1472 à 1474[1].

Il n'est pas possible de fixer le chiffre auquel montait son traitement. Le rapport de Poinçot et Pillet est muet à cet égard, et les renseignements fournis par celui de Contault ne sont pas très précis. Dans sa déposition le receveur de Thann, Guillaume Brediaire, « dit que rien n'en scet »[2]. Interrogé à son tour par Contault, le capitaine d'Ortemberg, alors Jean Meyer, se borne à déclarer qu'il ne sait pas quelle avait pu être la solde de ses prédécesseurs sous la domination autrichienne, attendu que la seigneurie avait été tenue de tout temps « par plusieurs seigneurs gaigiers », mais il s'empresse d'ajouter que le duc de Bourgogne pourrait bien lui donner 300 florins par an[3]. Bernard de Bollwiller fit une déclaration analogue et « dit qu'il n'en sauroit depposer pour ce qu'il n'y a pas veu ne receu aucuns capitaines ou chastellains, car les seigneurs gaigiers qui ont tenu lesdictes places ont prinses les revenues d'icelles et

somme de deux cent vingt six livres estevenans qu'il a payé et missionné depuis le mois de décembre mil quatre cent soixante dix jusques aujourd'huy seizième jour de septembre mil quatre cent soixante onze. Pour ce II^c XXVI l. estev. — Item dit ledit Hans Maire avoir missionné par certaines parties qu'il nous a monstré tant pour la garde dudit chastel d'Ortemberg comme pour les gaiges et récompenses de plusieurs desdits compaignons de guerre qui ont esté avec lui à faire plusieurs courses et entreprises sur les ennemis et à la garde de ladite maison et chastel d'Ortemberg, la somme de quatre vins six livres deux sols estevenant, pour ce IIII^{xx} VI l. II s. est. Somme de mission des trois articles cy-devant IIII^c LXXV livres III sols VI deniers estevenans. (Rapp. Poinçot, fol. 7 verso-8 recto.)

1. Cette famille se divisait en deux branches dont l'une avait pris le nom de Huningue et l'autre celui du village de Weiler. Hermann et Walter Meyer de Weiler, chevaliers, succombèrent à la bataille de Sempach en 1386. Jean Meyer le Vieux et Eglin Meyer de Huningue, son frère, reçurent d'Ulric de Rathsamhausen l'investiture d'un fief qui avait été conféré à leur père, à Louis et à Jean-Henri de Spechbach. (Schœpflin-Ravenez, v. 694.)

2. Rapp. Contault, fol. 15 v°.

3. Ibid., fol. 31.

excepté tous offices par eulx levés gens et serviteurs... » Hermann Waldner de Freundstein et Étienne de Hagenbach firent une déclaration en tous points semblable à celle de Bernard de Bollwiller[1].

Il est fort possible que les gouverneurs d'Ortemberg n'aient jamais touché le moindre traitement, et ce fait explique peut-être le remplacement en cette charge de Louis Zorn par Jean Meyer de Huningue. Sans doute le premier s'était lassé de ne rien recevoir.

CHAPITRE II

HISTOIRE

En 1470, cette puissante forteresse était le siège d'un ganerbinat[2] et comptait comme copropriétaires plusieurs gentils-hommes. Ils ne s'étaient guère souciés de la présence du grand-bailli bourguignon dans la Haute-Alsace, et, quoique la forteresse relevât théoriquement du duc Charles, ils se croyaient bien à l'abri des solides murailles d'Ortemberg pour continuer tranquillement comme par le passé leur joli métier de détrousseurs de grands chemins[3]. Ils se croyaient d'autant plus en sécurité, que le château et la seigneurie, engagés aux Mullenheim, n'avaient pas encore été rachetés par Pierre de Hagenbach. Ils se trompaient étrangement et n'allaient pas tarder à s'en apercevoir.

Dans le courant de l'été 1470, deux des châtelains d'Ortem-

---

1. Rapp. Contault, fol. 54 et sq.
2. Le ganerbinat ou paix castrale était un mode d'association très fréquent en Alsace dès le xiv⁰ siècle. Ses membres s'accordaient mutuellement le droit d'ouverture de leurs forteresses qui se trouvaient ainsi à la disposition de chacun d'eux, soit pour l'offensive, soit pour la défensive. (Gyss, *Histoire d'Obernai*, I, p. 139.) Le ganerbinat continua à subsister à Ortemberg après la chute de Hagenbach et Sigismond d'Autriche rendit aux Mullenheim tous leurs droits et fiefs à Ortemberg. (Mone, III, 208.)
3. *Basler Chron.*, IV, 61.

berg, Philippe Wetzel et Diebold de Gippich, s'emparèrent de trois marchands bourguignons[1] et les conduisirent à Ortemberg, après les avoir complètement dépouillés. Pierre de Hagenbach fut immédiatement prévenu de cet attentat. Il exigea impérieusement une réparation complète et la mise en liberté des prisonniers. Heintz de Mullenheim, Henri Beger de Geispolsheim et les autres copossesseurs du château adressèrent, le 22 octobre, une lettre au grand-bailli pour s'excuser de l'attentat commis et pour offrir de rendre toutes les sommes qui avaient été prises aux marchands. Ils offraient même de se soumettre au jugement que rendraient les conseillers du grand-bailli contre eux[2]. La ville de Strasbourg intervint, elle aussi, pour prier Pierre de Hagenbach d'accepter les réparations offertes par ses concitoyens[3], mais le grand-bailli jugea la satisfaction qu'on lui offrait insuffisante et il donna l'ordre de lever des troupes pour marcher contre Ortemberg.

Étienne de Hagenbach, son frère, avait reçu cet ordre le 31 octobre, et le 12 novembre, il avait réuni près de 5,000 hommes à Ensisheim[4]. La noblesse avait fourni 325 chevaux, dont 43 par le comte Jean de Lupfen, 24 en outre faisaient partie de la compagnie de Pierre de Hagenbach et étaient accompagnés de 40 soudoyers montés; 60 étaient envoyés par les villes et le landgraviat. On arrivait ainsi à 449 chevaux. Les nobles envoyèrent 446 piétons, les villes, le landgraviat, l'abbé de Murbach et le mundat 2,364 hommes, les villes forestières 610. A ce contingent des pays nouvellement cédés vinrent s'ajouter 1,200 hommes levés en Bourgogne[5], plus 60 artilleurs, char-

---

[1]. La *Reimchronik*, chap. 12, ne parle que de deux marchands. Voy. également dans le même volume la note de Mone, p. 200.

[2]. Bernouilli (C.-Chr.), *Der Landvogt Peter von Hagenbach* dans : *Beiträge zur vaterländischen Geschichte herausg. von der historischen und antiquarischen Gesellschaft zu Basel*, 1890, p. 315. M. Bernouilli, dans son excellent travail, s'appuie sur des documents conservés aux archives d'Innsbruck.

[3]. Bernouilli, p. 345.

[4]. *Ibid.*, p. 345. Witte, *Der Zusammenbruch*, p. 152.

[5]. Mone n'admet pas que le duc eût envoyé de Bourgogne des troupes à Hagenbach pour faire le siège d'Ortemberg (p. 270, note).

pentiers et maçons. Guillaume de Ribaupierre s'était engagé à envoyer ses canons et 43 ou 44 boulets de pierre, avec tout ce qu'il fallait, pour le service des pièces, si Pierre de Hagenbach voulait lui envoyer quatre voitures pour transporter le tout[1].

Le grand-bailli n'avait pas attendu l'offre de Guillaume de Ribaupierre ; il avait fait venir rapidement une nombreuse artillerie de Bourgogne[2] et avait placé à la tête de cette armée Jean de Neuchâtel, sire de Montaigu[3].

---

1. Bernouilli, *l. c.*, p. 246. Pierre de Hagenbach ordonna donc, comme on le voit, la levée du contingent militaire dans les pays récemment acquis, la Haute-Alsace, le Sundgau, les Villes Forestières (*Lauffenbourg, Sæckingen, Rheinfelden et Waldshut*), le Frickthal, la Thurgovie et la Forêt-Noire. Il ne laissa pas à ces troupes leur organisation particulière en *Fæhnlein*, mais il en forma deux corps, placés, l'un sous la bannière d'Ensisheim qui devint celle du landgraviat, l'autre sous la bannière de Brisac qui devint celle du grand-bailli (Mone, *Quellensammlung*, III, p. 200). Au xv° siècle, on n'entendait sous le nom de Forêt-Noire que les possessions autrichiennes situées dans ce massif montagneux, le Hauenstein, Saint-Blaise, Wehr, Schönau, Todtnau, Bräunlingen, Villingen, Troberg, Furtwangen, Elzach, Waldkirch, Saint-Pierre, Saint-Märgen, Saint-Trudpert, Staufen. (Mone, III, p. 271, note.)

2. Arch. Côte-d'Or, B, 1773, fol. 96-98. « A Jehan de Savoye, clerc demeurant à Dijon, la somme de IX×× une livre 15 sols 7 deniers tournois que devers lui estoient de reste, par ung compte particulier par lui rendu en la chambre des comptes à Dijon touchant la conduite de l'artillerie menée en l'armée mise sus par l'ordonnance de monditseigneur le duc en oct. 1470 pour le faict et conquest de la place de Ortemberch au pays de Ferrete... en la compaignie de monseigneur de Montagu, chief de l'armée... » — Un mandement du duc de Bourgogne, daté de Hesdin le 1er janvier 1471, est adressé à ses gens des finances pour qu'ils allouent à Guilbert de Ruple « six cens livres du pris de 40 gros de nostre monnoye de Flandres la livre, » que, sur l'ordre du duc, il a payé à Jehan de Savoie « pour convertir et employer en la despence de la conduite de l'artillerie necessaire aux gens de guerre, que avons naguaires mis sus et envoyé en nos pays de Ferrettes et d'Ausay pour remedier et pourveoir à plusieurs excès, desobéissances et entrepreinses faictes et commises par aucuns nos subjetz, tenans et possessans nos ville et chastel de Ortemberch et les reduire à nostre obéissance au bien de nous, de nosditz pays et la chose publique... (Arch. Nord, B, 2030.) — Les soldats étaient vêtus de « paletoz de drap pers à 7 gros l'aune, de drap blanc à 6 gros l'aune... et du drap rouge (à 7 gros l'aune) ont esté faites des croix de Saint-André sur lesditz paletoz. » (Arch. Côte-d'Or, B, 1770, fol. 13.) D'après M. Bernouilli (op. cit., p. 345), la croix de Saint-André aurait été en drap vert.

3. Nous ne savons pas le chiffre exact des canons envoyés contre Ortemberg, ni de quelle espèce ils étaient. Les comptes conservés à Dijon et relatifs aux années 1470-1471 parlent bien de pièces envoyées dans le comté de Ferrette, mais il n'est pas stipulé expressément qu'elles aient été dirigées contre Ortemberg. Voici toutefois quelques renseignements extraits de ces mêmes comptes et qui nous permettent de nous faire une idée de l'artillerie bourguignonne alors en usage. On se servait de « veuglaires de 4 pieds de long portant pierres de 3 pouces, garnies de chambres tenant une livre de poudre et pesant de 204 à 280 livres ». (Arch. Côte-d'Or, B, 11857.) Ailleurs nous lisons que l'on avait acheté du salpêtre à 10 livres le cent, que la « façon de poudre à canon avait coûté 18 gros le cent », le raffinage de deux milliers de salpêtre aussi 18 gros le cent. (*Ibid.*, B, 11863.) — Il n'est pas très facile d'expli-

La concentration de tant de troupes à Ensisheim n'avait pas manqué d'éveiller de vives appréhensions dans le pays. Deux villes surtout se trouvaient dans l'anxiété. C'étaient Mulhouse et Strasbourg. Ni l'une ni l'autre n'étaient bien sûres que ce déploiement inusité de forces ne se tournerait pas quelque jour contre elles et surveillaient avec anxiété les moindres mouvements des troupes.

Mulhouse était de beaucoup la plus préoccupée de la tournure que prenaient les événements. Pendant que les négociations entre le grand-bailli et les châtelains d'Ortemberg avaient lieu, et elles semblent avoir duré assez longtemps, les troupes bourguignonnes commençaient à arriver en Alsace. Le 26 septembre déjà, le conseil de Berne signalait à Mulhouse le départ d'un corps de troupes assez considérable, envoyé par le duc Charles. Sans doute, ajoutait-il, il était destiné à marcher contre Ortemberg, mais Mulhouse n'en ferait pas moins bien de se tenir sur ses gardes lors de son passage en vue de la ville[1]. L'avis était peut-être bon ; car à cette date les difficultés pendantes entre Mulhouse et le nouveau gouvernement n'étaient pas encore aplanies.

Le 26 octobre, Soleure envoyait un avertissement semblable[2], et le 3 novembre, Berne renouvelait son avis en ajoutant que l'armée en formation en Bourgogne devait se trouver le 7 à Mungatin (Montjustin ?) pour se rendre dans le Sundgau et marcher contre Ortemberg[3]. Les craintes de

---

quer pourquoi P. de Hagenbach abandonna au sire de Montaigu le commandement de l'armée, car il était lui-même un remarquable officier d'artillerie. Le duc Philippe avait déjà reconnu en 1453 ses remarquables aptitudes en le nommant lieutenant de François l'Aragonnais. Le brevet qu'il lui délivra à ce propos est très flatteur pour lui et débute ainsi : « *Philippe... savoir faisons que pour la confidence que avons es sens, loyaulté, preudommie [de nostre amé?] et féal escuier d'escuierie Pierre de Hacquembach [...] de sa grande diligence et de son experience [...] parce que desja par ci-devant, en aucunes nos guerres, il s'est entremis du fait de nostre artillerie et de ladite conduite [...] et ordonnance, en quoy il s'est bien, deuement, songneusement et diligemment emploies...* (Arch. Nord, B, 2022, n° 1.)

1. *Cartulaire de Mulhouse*, III, n° 1531.
2. *Ibid.*, n° 1537.
3. *Ibid.*, n° 1539.

Mulhouse avaient été si vives, qu'elle s'était adressée, par l'intermédiaire du wildgrave Jean de Daun, à l'Électeur palatin Frédéric le Victorieux, grand-bailli d'Alsace, pour le prier d'intervenir auprès du duc de Bourgogne et la préserver de tout attentat. Charles le Téméraire répondit à l'Électeur que ses craintes n'étaient point fondées et que Mulhouse devait se rassurer [1].

De son côté Strasbourg avait reçu de nombreux avis du même genre, mais dont la plupart exagéraient le chiffre de l'effectif bourguignon [2]. Elle devait être plus inquiète encore que Mulhouse, car elle jouait un double jeu qui pouvait lui coûter fort cher. Quelques-uns des seigneurs d'Ortemberg étaient bourgeois de Strasbourg, et il est fort possible, comme l'en accusait fort nettement le grand-bailli, qu'elle leur eût promis en secret son concours [3], bien qu'ouvertement elle s'efforçât de

---

1. *Ibid.*, n° 1534-1535... « *und unser meinunge were ...das sie der dinge nit so gross sorge hetten, dann wir hetten kein zwifel nach dem unser oheim von Burgundienn uns botschafft getann hette, si soltent der reisz uff disz male unbeswert bliben...* »

2. C'est ainsi que le margrave Charles de Bade transmet au magistrat de Strasbourg copie de deux lettres, dont l'une porte que les préparatifs de guerre faits par Pierre de Hagenbach sont dirigés contre le château d'Ortemberg et dont l'autre donne des détails sur les armements du duc de Bourgogne. Il annonce l'arrivée de 1,500 cavaliers bourguignons à Ensisheim. L'évêque de Strasbourg Robert, en annonçant, lui aussi, au magistrat un rassemblement de troupes à Nancy et l'approche de 1,500 cavaliers, le prie d'envoyer des hommes en observation sur le Kochersberg. Il prévient que les Bourguignons ont campé à Rixouvillé et s'avancent vers le château d'Ortemberg, qu'il y a de grands rassemblements de troupes dans le comté de Lichtemberg et que 1,500 cavaliers occupent Soltz. La ville de Bâle fournit également à Strasbourg des renseignements sur les mouvements des Bourguignons. Colmar en fit de même. Schlestadt informe Strasbourg que les Bourguignons ont passé par Pfaffenheim et Gueberschwihr pour se porter vers Ortemberg. Jean de Berse prévient que les Bourguignons campent à Hundesheim. Pour se prémunir contre un danger probable, Strasbourg ordonna aux autorités de Benfeld de mettre leur ville en état de défense et refusa à Pierre de Hagenbach la permission d'établir ses quartiers à Châtenois. (*Inventaire des archives comm. de Strasbourg*, AA. 260.) — Schlestadt également envoya des avertissements de ce genre à Strasbourg. Dans une lettre non datée elle avertit la ville que les troupes destinées au siège d'Ortemberg étaient en marche et que le grand-bailli se trouvait au château de Markolsheim chez l'évêque de Strasbourg. (*Alsatia*, 1862, p. 119.) Elle prit du reste elle-même des précautions pour se mettre à l'abri d'une surprise possible et ordonna à son bailli du château de Frankenbourg Christian de Stugkert, de ne quitter sous aucun prétexte la forteresse, de la bien surveiller et de la mettre en état de défense, vu l'expédition dirigée contre Ortemberg qui rendait le pays incertain. (*Ibid.*, p. 119.)

3. Witte, *l. c.* 152, note 2.

faire la paix entre les parties adverses. Tout en se mettant rapidement en état de défense, elle envoyait au grand-bailli un de ses bourgeois les plus estimés, Pierre Schott, pour tâcher d'arriver à une entente. Pierre de Hagenbach lui fit, au dire du chroniqueur, un accueil des plus méprisants, se contentant de lui demander s'il était boucher ou boulanger. Son intervention n'eut aucun succès et les troupes bourguignonnes continuèrent leur marche en avant[1]. Au moment où Pierre de Hagenbach, se dirigeant vers Ortemberg, arriva en vue de Bergheim, il sollicita le droit de passer par la ville et d'acheter des vivres. Les habitants refusèrent et le grand-bailli continua son chemin[2].

1. *Reimchronik*, chap. 18.

Ich enweiss nit wer du bist,
Bistu ein brotbecker,
Oder bistu ein metziger.

Pierre Schott était un des bourgeois les plus honorables et les plus estimés de Strasbourg. Il fut quatre fois ammeister dans l'intervalle de 1470 à 1488. Pendant les guerres de Charles le Téméraire avec les Suisses, il commanda, avec le chevalier Frédérick Bock, les secours que les Strasbourgeois envoyèrent aux confédérés ; en 1474 il fut un des juges de Pierre de Hagenbach et c'est lui qui prononça contre lui la sentence de mort. Lorsqu'en automne de l'année suivante on appréhenda à Strasbourg une attaque du duc de Bourgogne, il fut un des huit notables chargés de veiller à la défense de la ville. Sa connaissance des affaires le fit choisir à diverses reprises pour être député dans des négociations importantes ; il fut plusieurs fois envoyé en Suisse ; en 1490 il assista à une conférence à Oppenheim et s'entendre avec les délégués des villes du Rhin sur le poids des monnaies. C'était un homme religieux et bienfaisant envers les pauvres ; dans sa maison il recevait avec honneur les ecclésiastiques et les savants étrangers ; il aimait les lettres et les arts; il fit don à la bibliothèque de la cathédrale de quelques livres ; c'est lui, enfin, qui fit attacher à la cathédrale le grand prédicateur Geiler de Keysersberg et contribua pour des sommes considérables aux frais que nécessita la création de cet office. Une de ses filles épousa le chevalier Martin Sturm de Sturmeck, dont le fils Jacques fut plus tard un des citoyens les plus illustres de notre vieille république strasbourgeoise. Pierre Schott eut un fils du même nom et qui marcha dignement sur les traces de son père. (Ch. Schmidt, *Histoire littéraire de l'Alsace à la fin du XVᵉ et au commencement du XVIᵉ siècle*, II, p. 399. Voir aussi *ibid.*, I, 340, sqq., 354, 358, etc... Pour Pierre Schott le fils voyez *ibid.*, I, 24, 129, 136, 147, etc..., et II, 1-35.) Pour le premier, cf. encore Mone, *Quellensammlung*, III, p. 276, note.

2. Hagenbach ne devait pas oublier cet affront. Après la prise du château, il repassa devant Bergheim et demanda à nouveau le droit de passer. Les habitants répondirent à sa demande par des coups de feu. Une telle conduite ne devait pas rester impunie. Il ne prit pas la ville comme le droit de la guerre eût pu l'autoriser à le faire, mais il envoya un mémoire au duc de Bourgogne pour l'engager fortement à racheter la ville aliénée pour 4,000 fl. au margrave de Bade. Une fois maître de Bergheim, on la

Le samedi 17 novembre, elles franchirent le Landgraben, près de Scherviller, et marchèrent le lendemain contre Châtenois, gardé par vingt-deux hommes, bien armés (*gut geruste gesellen*), et deux maîtres-artilleurs envoyés par Schlestadt. Ce jour-là, Pierre de Hagenbach arriva vers midi au château de Ramstein avec 200 chevaux. Sur sa demande, le prévôt de Schlestadt vint l'y trouver. Le grand-bailli lui demanda de fournir à ses troupes des quartiers à Châtenois, en l'assurant que le village ne souffrirait aucun dommage, s'il accédait à son désir[1]. Le prévôt ne pouvait accorder l'entrée que d'une moitié de Châtenois et de son cimetière fortifié, l'autre moitié appartenant à l'évêque de Strasbourg. Le grand-bailli passa outre et Châtenois fut occupé.

Le mardi suivant six cents cavaliers envahirent le Val de Villé, prirent Villé et firent prêter aux habitants le serment de fidélité au duc de Bourgogne. Le reste de l'armée avait cerné pendant ce temps le château d'Ortemberg, défendu par 22

---

frapperait d'une lourde indemnité pour se venger de sa conduite, ce qui permettrait de rentrer dans les fonds qu'on venait de débourser. Il est incompréhensible que cette proposition n'ait pas eu de suite et que Bergheim n'ait pas été rachetée. Elle continua à se montrer fort hostile au grand-bailli, au grand déplaisir de celui-ci, et ne lui ouvrit ses portes que le 28 mai 1473, sur un ordre du duc Sigismond d'Autriche. (Bernouilli, *Der Landgraf Peter von Hagenbach*, p. 348.)

Bernard de Bollwiller avait aussi donné le conseil de racheter Bergheim, comme on peut s'en convaincre par le passage suivant du rapport de Contault... « *En ceste matière sur laquelle lesditz messire Bernard (de Bollwiller), Herman (Waldner) et Estienne (de Hagenbach) dient dépposer qu'ilz ont bonne congnoissance des bonnes villes, places et forteresses dudit pays d'Auxay et de Ferrates, esquelles bonnes villes et places, qui sont les plus nécessaires à monditseigneur pour le bien et seurté de sesditz pays d'Auxay et de Ferrates, considéré le temps que court et que les querelleurs d'Ortemberg s'efforcent tousiours, soubs vouloir de leurs querelles, entreprendre et dommaigier lesditz pays et les subjets de monditseigneur, et qu'il est assez commune renommé, que plusieurs s'efforcent de tourner manière de racheter ou faire racheter lesditz gaiges, sont les bonnes villes et places qui s'ensuivent, c'est assavoir : la ville et forteresse de Bergen que tient engaigiée le marquis de Baulde pour quatre mille florins de Rin, lesquelles ville et chastel sont bons et bien fortifiés et bien habitez de gens de bonnes facultez et chevances, assis à une lieue près dudit Ortemberg et y a ung grant faussé bien profond descendant au Rin qui feist limite et séparation des seignories dudit pays d'Auxay de la seignorie de l'evesque de Strasbourg et est le chief et la principale ville et la première pour entrer oudit pays d'Auxay en venant dudit pays de Strabourg (sic) et y appartiennent plusieurs bonnes rentes et revenues...* » (Rapp. Contault.)

1. *Und wölle man ihm dass gönnen, das sye gut. Wöllen wir das nit, so müsse es doch seyn.* (*Alsatia*, 1862, p. 120.)

hommes seulement. Ils ne firent aucune résistance et le mercredi soir, vers l'heure de vêpres, ils se rendirent. Aucun coup de canon n'avait été tiré. Le surlendemain, l'armée bourguignonne avait commencé déjà son mouvement de retraite et de dislocation [1].

Le duc Charles, en apprenant la chute rapide de cette redoutable forteresse, en témoigna vivement sa satisfaction au sire de Montaigu et à Pierre de Hagenbach, confiant à ce dernier le soin de la garder fidèlement. Louis Zorn en fut nommé châtelain [2]. Il fut remplacé en 1472 par Jean Meyer de Huningue qui en resta capitaine jusqu'à la fin de la domination bourguignonne.

Peu de mois après la prise du château, une paix castrale fut signée entre Pierre de Hagenbach, Jean Meyer de Huningue, au nom du duc de Bourgogne, d'un côté, Henri-Étienne, Hartmann et Jean de Kageneck, tuteurs des deux frères mineurs Jean et Walter d'Utenheim de Ramstein, de l'autre. Le château de Ramstein situé à quelque cent mètres seulement d'Ortemberg ne relevait pas du duc de Bourgogne. Les deux parties avaient donc tout intérêt à prendre des mesures de précaution, en vue de leur sûreté personnelle. La paix jurée le 17 juin 1471, de part et d'autre, devait être observée sur un territoire assez

---

[1]. *Uff Sonnendag, nechst verschinen, an den oben zu Kestenholtz in das dorff, und auch gen Scherwiller kommen, und darnach an dem zinstag mit 600 pferden gen Wyler in das thal gerütten sint, und das ingenommen, und huldigung von den lüten empfangen. Und die übrigen haben sich für das schloss Ortenberg gerüstet. Und am mittwoch, um vesperzit, haben die knecht in Ortenberg, deren 22 gewesen sint, das sloss uffgeben, vor und in keinen büchsenschutz daron gerichtet worden. Und uf hut fritag frye, ist der leger an beiden enden ufgebrochen und das land widder uffgezogen.* (Alsatia, 1862, p. 120.) Les documents ne sont pas d'accord sur la date de la prise. Ceux cités par MM. Witte et Bernouilli placent cet événement en novembre, ce qui nous semble exact, et nous nous rallions à cette solution aujourd'hui. Les sources françaises parlent toutes au contraire du mois d'octobre. Tel est le cas du compte de Jean Vurry. (Arch. Côte-d'Or, B. 1773, fol. 96-98, pièce citée dans la collection de Bourgogne à la Bibliothèque nationale. Vol. 104, fol. 218, r°. Vol. 100, fol. 97 et 311. Voy. aussi Arch. du Nord, B. 2080.)

[2]. La nomination de Louis Zorn est du 23 nov. 1470. (Schœpflin Als. Dipl. II, 598.) Cette investiture faite au nom du duc de Bourgogne par Pierre de Hagenbach donna lieu à une plainte de la part de Sigismond d'Autriche qui ne reconnaissait pas à Pierre de Hagenbach qualité pour conférer des fiefs de la maison de Habsbourg-Autriche. (Mone, III, 205.)

étendu et délimité par une ligne de démarcation, commençant aux châteaux d'Ortemberg et de Ramstein, dévalant sur une carrière située entre Ortemberg et le village de Scherwiller, franchissant le Giessen, suivant la route de Châtenois à Villé jusqu'à une maison servant de douane, allant au pont de Villé, pour remonter ensuite au Vinspach, au Falkenstein jusqu'aux approches du château de Bernstein ; de là elle descendait sur une léproserie située sur le flanc de la montagne, mais dont l'emplacement nous est inconnu, pour aboutir enfin à la première carrière située entre Ortemberg et Scherviller.

Cette paix était valable pour une durée de 10 ans. Chacun des contractants s'engageait à ne causer aucun dommage aux autres ou à leurs parents. Le second article réservait entièrement la liberté des seigneurs du Ramstein ; même s'ils se trouvaient au service d'un prince, en guerre ouverte avec le duc de Bourgogne, ce dernier ne pouvait rien entreprendre contre leur château, qui restait même inviolable en cas de guerre directe entre le duc et les Utenheim. Bien entendu, Ortemberg jouissait du même privilège. Les châtelains des deux castels et leurs valets durent jurer d'entretenir toujours des relations loyales. Mais, si eux, ou leurs valets, en venaient aux mains et qu'il y eût mort d'homme, le coupable devait être arrêté et puni selon le droit. Si, dans la rixe, l'un d'eux était simplement blessé, le coupable était puni de trois mois de prison, et, après l'expiration de sa peine, il était livré au seigneur du valet blessé, qui pouvait l'envoyer encore faire trois ans de prison au delà du Rhin (*one gnade uber den Rin*). S'il n'y avait eu qu'un simple échange de coups, le coupable n'en était pas moins puni d'un mois de prison, puis congédié après avoir juré la paix perpétuelle (Urphed) [1].

---

[1]. L'*Urphed* est l'écrit par lequel un individu, incarcéré pour dettes, délits ou crimes, s'engage sous serment et moyennant sa mise en liberté, à acquitter ses obligations et à fournir à cet effet des gages ou des cautions, en même temps qu'il promet de ne tirer vengeance ni du magistrat, ni de ses adversaires, et de respecter l'ordre et le droit. C'est un acte de transaction et de paix; c'est l'abolition des représailles et de la *Faïda*. (Bonvalot, *Coutumes de Ferrette*, p. 43.)

La convention prévoyait aussi le cas où l'un des seigneurs amènerait dans les châteaux un de ses amis qui pourrait se trouver en guerre avec les autres. Dans ce cas, il devait immédiatement se retirer, sans que son adversaire pût lui causer le moindre dommage et cette immunité devait être respectée durant toute une journée. Les autres personnes se rendant dans l'un ou l'autre des châteaux devaient jouir de tous les avantages inhérents à cette paix castrale.

Les infractions à cette paix devaient être soumises à un arbitre, choisi d'un commun accord, et ce choix était tombé sur l'un des plus puissants seigneurs de la Haute-Alsace, Guillaume de Ribaupierre. En cas de litige, les deux parties comparaissaient devant lui, soit à Schlestadt, à Colmar ou à Ribauvillé, chacune accompagnée de deux témoins. Ces quatre personnes, présidées par Guillaume de Ribaupierre, réglaient le différend survenu. Si l'accusé faisait défaut, la sentence n'en était pas moins rendue par l'arbitre, assisté des deux témoins de la partie adverse. S'il refusait de s'y soumettre, il était déclaré parjure et condamné au paiement d'une amende de cent marcs d'argent au profit du plaignant. En cas de mort de Guillaume de Ribaupierre, les contractants devaient lui choisir un successeur dans un délai de deux mois [1].

Cette paix castrale qui assurait la sécurité d'Ortemberg vis-à-vis de son voisin Ramstein, était lettre morte pour les anciens possesseurs dépouillés qui ne voulaient pas se résigner au sort qu'ils n'avaient que trop mérité. Malgré leurs réclamations incessantes, ils n'obtinrent aucune indemnité et c'était justice en somme. Le dernier et le plus redoutable des refuges de chevaliers bandits venait de succomber. Les pauvres gens pouvaient tranquillement cheminer sur les routes, sans avoir à craindre la surprise d'une bande armée. On se savait placé sous la puissante protection de Pierre de Hagenbach, qui, malgré son mépris pour les roturiers, ne les en protégeait pas moins contre les

---

[1]. Mone, *Quellensammlung*, III, p. 423-425.

attaques de leurs nobles oppresseurs. On le savait prompt au châtiment des pillards. La chute d'Ortemberg en était un exemple nouveau. La sécurité des routes, qui avait été entièrement inconnue sous le régime précédent, était devenue une réalité[1].

C'était un grand succès moral et politique que venait de remporter le grand-bailli et qui devait agir fortement sur l'esprit des populations heureuses de pouvoir désormais vaquer tranquillement à leurs affaires. Ce succès était surtout politique, car il remettait entre les mains du duc, sans bourse délier, la clef du chemin d'Alsace en Lorraine. Avec Ortemberg, dominant le val de Villé, avec Thann, dominant celui de Saint-Amarin, Charles le Téméraire était assuré de pouvoir envahir la Lorraine quand il lui plairait, et réaliser enfin ce rêve, caressé depuis si longtemps, de reconstituer le royaume de Gaule-Belgique.

Toutefois, cette réalisation devait encore rencontrer bien des difficultés et la prise d'Ortemberg suscita bien des mécontents. La ville de Strasbourg prit fait et cause pour ses concitoyens, dépouillés par la capitulation du 21 novembre, et demanda au duc de les indemniser pour les pertes qu'ils venaient de subir. Le 30 juillet 1471, il lui répondit, en termes courtois, qu'il y ferait droit, mais, deux ans plus tard, l'affaire n'avait pas encore reçu une solution définitive, et les envoyés de la ville venus à ce sujet à Trèves, auprès du duc, n'obtinrent aussi qu'une réponse évasive.

Deux des principaux intéressés, un Mullenheim et un Beger de Geispolsheim, s'adressèrent directement à Pierre de Hagenbach, en octobre 1472, et se plaignirent de ce que leurs sujets du val de Villé eussent été contraints de prêter le serment de

---

[1]. Un continuateur de Kœnigshoven fait tenir après la prise d'Ortemberg un langage assez orgueilleux à Hagenbach : ... und sprach domitte er were bobst und keyser und [hett] der hertzog von Burgundien ein rehten landvogt in disem lande gehabt der tugendhafft were gewesen, so lebt der hertzog von Burgundien nach und hett dies land niemer mere wider in getan. (Bibl. Nationale, fonds allem. 83, fol. 461 verso, col. 2.)

fidélité au duc de Bourgogne, alors qu'eux-mêmes n'avaient encore obtenu aucune compensation pour les pertes subies. On ne sait s'ils obtinrent satisfaction [1].

La prise d'Ortemberg devait fournir encore matière à conflit entre le même Henri Beger de Geispolsheim et Saint-Hippolyte qu'il tenait alors en gage, en même temps qu'une partie d'Oberbergheim. Quand le grand-bailli vint, avec son armée, faire le siège du château d'Ortemberg, le chevalier Henri Beger lui offrit en cadeau un cheval de bataille de la valeur de 130 florins, pour gagner ses bonnes grâces et préserver ainsi ces deux localités de tout mauvais traitement. Après la prise de la forteresse, il voulut contraindre les habitants de Saint-Hippolyte à lui rembourser la moitié de cette somme. Ils s'y refusèrent et portèrent leur plainte devant le magistrat de Strasbourg qui, en la personne du chevalier Jean Böckel et par arrêt du 15 avril 1472, débouta Henri Beger de sa demande. Le lendemain, 16 avril, grâce à l'intervention de l'alt-ammestre Henri Arg et du conseiller Adam Mesener, les deux parties arrivèrent à s'entendre en assumant chacune la moitié des frais et se réconcilièrent [2].

Nous avons déjà raconté ailleurs [3] comment l'un des copossesseurs du château, Renier de Schauembourg, un seigneur de l'Ortenau, se montra très irrité de cette prise de son bien, comment traîtreusement il s'empara de Pierre de Hagenbach et le conduisit prisonnier dans son château près d'Oberkirch. Le grand-bailli dut se résigner, pour sortir de prison, à promettre de racheter les droits de Renier contre une somme de 1,800 florins. Mais à peine Hagenbach eut-il recouvré sa liberté qu'il chercha les moyens de rompre le traité qui lui avait été imposé par la force. Il s'adressa au margrave de Bade, suzerain

---

1. Witte, *l. c.* 153, note 2.

2. Archives de Saint-Hippolyte FF. Ce document m'a été communiqué par feu M. Mossmann, auquel je suis redevable de tant d'indications précieuses et dont la mort récente a creusé un si grand vide dans les rangs de nos historiens alsaciens.

3. *Annales de l'Est*, t. III, p. 528 et ss.

du sire de Schauembourg, exigea de lui qu'il le déliât du serment qu'il avait été contraint de prêter ; sinon, il le menaçait de ravager ses domaines.

Le margrave intimidé essaya de se dérober, en déclarant que le sire de Schauembourg n'était point son vassal[1], mais il fut forcé de plier devant la volonté de Pierre de Hagenbach et d'envoyer les deux nobles Georges et Bernard de Bach à Brisac, pour arranger cette affaire. Ils durent passer des moments fort désagréables, si nous en croyons le chroniqueur, qui nous a laissé un récit très vivant de cette entrevue, qui eut lieu au poële des nobles à l'enseigne du « Juif ».

Quand ils vinrent en sa présence, le grand-bailli les pria de s'asseoir et leur dit : Messires, rendez-moi mon engagement que j'ai donné à ce chenapan de Reinhart, qui m'a fait prisonnier. (Si je le tenais, je le pendrais !) Car je vous le dis sur l'honneur, si vous ne le faites pas, vous vous en repentirez[2]. Alors le vieux Georges de Bach se leva et protesta timidement contre la qualification de chenapan donnée par Pierre de Hagenbach à son cousin de Schauembourg. «Taisez-vous, lui répondit-il en colère, ouvrez la boîte, car je veux avoir ma lettre et je vous répète que si vous ne le faites pas, il vous en coûtera cher[3]. Alors, en soupirant profondément, ils s'exécutèrent et rendirent le traité[4].

1.   *... Er sch's nit in seim land.*
        (*Reimchr.* chap. 28.)

2.   *... Ir herren sitzen nider*
    Und gend mir mein brief wider,
    Die ich Reinhart mit gedicht
    Hab geben dem bösewicht,
    Der mich hat gefangen,
    Hett ich in, er müste hangen ;
    Und ich sag es uf meinen eid,
    Thunt irs nit, es würdt euch leid! (*Ibid.,* chap. 29.)

3.   *Schweigen, sprach Hagenbach,*
    Und gar zornigklichen sprach ;
    Schliessen uff die laden,
    Dan ich will die brief haben,
    Ich han euch vorgeseyt
    Geschicht es nit, es würdt euch leidt! (*Ibid.*)

4.   *Sy ersüfzsen auch tief,*
    Si goben im die brife. (*Ibid.*)

Avant de congédier les envoyés du margrave de Bade, le grand bailli leur adressa encore ces paroles significatives : « Je vous le dis en vérité, dites à votre maître... que si une oie volait à travers son pays, qu'elle fût à mon seigneur et qu'elle perdît une seule plume, vous seriez forcés de rendre cette plume, dût-il m'en coûter la vie[1] ! » Ils se quittèrent sur ces paroles menaçantes, dont les deux nobles de Bach ne se souvinrent que trop bien plus tard[2].

Pendant les courtes années qui séparaient Pierre de Hagenbach de sa chute, le calme régna dans la seigneurie d'Ortemberg. Il ne fut troublé un instant que par l'arrivée du duc de Bourgogne en Alsace, au mois de décembre 1473, à la tête d'une imposante escorte, pour visiter les pays nouvellement acquis, qu'il n'avait pas encore vus. Charles le Téméraire, venant de Nancy, entra en Alsace par le col de Sainte-Marie-aux-Mines. Le grand-bailli était venu au-devant de lui, le 20 décembre, et avait pris le commandement de l'avant-garde, forte d'environ 800 hommes[3]. Il traversa avec elle tout le val de Villé et arriva devant Châtenois[4], où ses troupes commirent de nombreux

1.
Dan Hagenbach der toberich
Sprach : ich sag euch sicherlich,
Sagen uwerm herren,
Er würdt mir meinen schaden keren,
Dan ich sag eüch ze handt,
Flug ein gans durch eüwer landt,
Die meins herren wer
Und verlur die ein federen,
Ir musten die wider geben,
Und solt es kosten min leben.
(*Reimchronik*, chap. 29.)

2. Si nous en croyons un passage du rapport de Contault, le mécontentement des copossesseurs d'Ortemberg dépouillés n'était pas encore apaisé en 1473. Bernard de Bollwiller lui déclara, en effet, que le pays n'était pas tout à fait sûr « considérant les dangiers des querelleurs d'Ortemberg et autres gens de guerre alans par le pays ». Aucun document cependant ne mentionne la moindre voie de fait contre des sujets bourguignons.

3. Knebel, 38-39. — *Reimchronik*, chap. 48. En enregistrant la venue du duc en Alsace, le pieux chapelain bâlois se signe dévotement et écrit : « *Deus protegat nos a suis malis incursibus.* »

4. Le 11 décembre, un inconnu prévient Châtenois que le duc de Bourgogne se disposait à marcher contre cette localité. (Mone, III, p. 430.) Cette pièce est tirée des archives de Strasbourg. Le 17 décembre, Adam Kelber, de Châtenois, informe Strasbourg de l'approche du duc. (*Ibid.*)

excès. Les habitants se mirent rapidement en état de défense, mais durent céder devant le nombre et se retirer dans leur cimetière fortifié[1]. Dans la bagarre, deux Bourguignons avaient été tués[2].

Le duc arriva bientôt lui-même et s'arrêta à Châtenois durant quelques heures. Jean de Landsberg, maître d'hôtel de l'évêque de Strasbourg, vint le saluer au nom de l'évêque, du chapitre, de la noblesse et de la ville de Strasbourg. Charles le Téméraire quitta Châtenois, avant la nuit, et alla coucher à Bergheim (21 décembre). Le lendemain, il se dirigea vers Colmar, mais la ville ne voulut accorder l'entrée qu'à 200 hommes de son escorte[3]. Ce refus ne l'empêcha pas d'envoyer au duc une délégation pour le saluer. Hagenbach était allé à Colmar en personne pour tâcher de faire revenir les magistrats sur leur décision ; il essaya même de s'emparer par ruse de la ville, rien n'y fit. Il ne restait qu'à faire prendre une autre direction à l'armée qui campa dans les environs[4].

Quant au duc, il établit son quartier général à Kienzheim, où vinrent le trouver les députés de l'évêque de Strasbourg, des villes de Strasbourg, Schlestadt et de la commune de Châtenois, pour intercéder auprès de lui en faveur des habitants de cette dernière localité[5]. Charles le Téméraire exigea la remise immé-

---

1. D'après une lettre de Bernard Wurmser à Strasbourg, du 21 décembre, les troupes bourguignonnes auraient incendié Châtenois, et le grand-bailli serait intervenu alors pour rétablir la paix entre les habitants et les soldats. (Mone, ibid.)

2. Ce fait est relaté dans la lettre du duc à Strasbourg, datée du 30 décembre. (Mone, 431.)

3. Knebel, 39. — Reimchronik, chap. 49-50. Voy. aussi Witte, Der Zusammenbruch, qui utilise une lettre de Colmar à Strasbourg. (Arch. comm. AA. 263-269.) Le duc s'était présenté avec une suite de mille chevaux et en même temps de petites troupes de soldats bourguignons cherchaient à se rapprocher des portes de la ville et à s'en emparer par surprise. Mais leur manœuvre fut déjouée, les bourgeois faisaient bonne garde.

4. Une partie des troupes comprenant environ 3,000 chevaux s'établit dans les domaines du comte de Lupfen, à Kienzheim et à Sigolsheim, le reste, comprenant environ 2,000 chevaux, alla camper dans la plaine à Sundhofen et à Andolsheim. (Knebel, 39, Reimchronik, 50.)

5. Witte, Der Zusammenbruch, p. 21, cite le rapport des députés strasbourgeois du 24 décembre. (Arch. Strasb., AA. 266.) Voir aussi la réponse du duc du 30 décembre

diate des coupables, et, lorsque les députés lui répondirent qu'ils ne pouvaient lui accorder sa demande avant d'avoir consulté leurs commettants, il se mit dans une grande colère et menaça de prendre d'assaut le cimetière de Châtenois. On finit par l'apaiser et il fut convenu que les Bourguignons auraient le droit de pénétrer dans le cimetière et de rechercher ceux qui avaient tué deux des leurs. S'ils les trouvaient, et qu'alors l'évêque et la ville de Strasbourg, ainsi que Schlestadt, s'entremissent en leur faveur, le duc promettait de les grâcier. Les deux coupables vinrent se livrer eux-mêmes, et, comme il était convenu, ils obtinrent leur pardon.

A partir de ce moment, jusqu'à la chute de Pierre de Hagenbach, nous n'avons plus aucun fait à signaler pour l'histoire de la seigneurie d'Ortemberg et du val de Villé. Le grand-bailli se trouvait encore en prison à Brisac quand les Strasbourgeois reprirent, le 19 avril 1474, le château et le rendirent avec la seigneurie aux anciens possesseurs.

CHAPITRE III

REVENUS DE LA SEIGNEURIE

Autour du château d'Ortemberg, dont nous avons donné la description et l'histoire, se groupaient les différents villages qui composaient la seigneurie. Le rapport de Poinçot et Pillet en énumère environ 24 dont l'orthographe est fort variable et rend l'identification avec les noms modernes assez difficile. Leurs

---

dans Mone, III, p. 431 : « *Et quanquam hoc egre feramus* (la mourtre des deux soldats), *ut par est, tamen, precibus vestris permoti, volumus illis nostram gratiam impertiri; pepercimus itaque eis, ut cognoscant, ipsas preces vestras apud nos vulgares non fuisse...* »

territoires respectifs étaient fort enchevêtrés, relevant en partie de Bourgogne, en partie de Lorraine. Nul doute que, si la domination bourguignonne avait duré plus longtemps, il n'y eût eu, dans ce coin de terre, ample matière à d'interminables procès, si fréquents au moyen âge.

La plus importante de ces localités était Villé qui était alors « en partie fermé et fortifié de murailles et en partie de hayes et moniaulx bien deffensables [1] ». Après elle venaient Erlenbach [2] et Scherviller [3]. Les commissaires bourguignons semblent les avoir considérés, en quelque sorte, comme des chefs-lieux de bailliage auxquels ils donnaient le nom de mairie. Venaient ensuite Breitenbach, Saint-Martin, Meisengott, Engelsbach, Wagenbach, Neubois, Steige, Triembach, Saint-Pierre-Bois, Bruche, Bassenberg, Lach, Mittelscher, Orbey, Dieffenthal, Roschbach, Colroy, Stampemont. Il y avait en outre « environ diz ou douze maisons estans en montaignes ». Le tout formait un total d'environ 500 feux [4].

---

1. Rapp. Poinçot et Pillet, fol. 1. — Le maire de Villé s'appelait en 1471 Phapholot ; telle est du moins l'orthographe adoptée par Poinçot. (*Ibid.*, fol. 4, verso.)

2. Erlenbach avait pour maire Hans de Honcourt que Contault appelle Hance de Honhoufs et Poinçot Hanzel Hanns. (*Ibid.*, fol. 5 recto.) Il avait, en 1473, soixante ans et se trouvait en charge depuis dix ans. Au moment du siège d'Ortemberg, il remit une somme de 21 livres strasbourgeoises, tout ce que contenaient les caisses d'Erlenbach, à « messire Pierre de Hagembach qui les distribua aux compaignons de guerre qui furent à ladite conqueste, comme lui a ouy dire. » (Rapp. Contault, fol. 31 verso.)

3. Le maire ou prévôt de Scherwiller se nommait Jean Pfister (Jehan Fistre dit Fournier) et était âgé de 42 ans en 1473. (Rapp. Contault, fol. 35 recto.) Poinçot orthographie son nom Hans Fistoich. (Rapp. Poinçot, fol. 6 recto.)

4. Voici la liste des localités telle que nous la donne en 1471 Poinçot: *Villiers* (Villé), *Herllebaig* (Erlenbach), *Brethebag* (Breitenbach), *Saint-Martin*, *Mesegod* (Meisengott), *Hanglispaeg* (Engelsbach), *Ugembac* (Wagenbach), *Crux* (Gereuth ou en français Neubois), *Chanchur* (Honcourt ?), *Quassel* (?), *Steith* (Steige), *Breith* (Breitenau), *Tiembaq* (Triembach), *Dovich* (Bruche ?), *Petresaulee* (Petersholz ou Saint-Pierre-Bois), *Wasserbag* (Bassenberg), *Lach*, *Malluchach* (Mittelscher), *Orteifs* (Orbey), *Cheiville* (Scherviller), *Thiesfetelle* (Dieffenthal), *Raspach* (Roschbach), *Collerech* (Colroy), *Stumpach* (Stampemont), soit un total de 24 localités. — En 1473, Contault n'en mentionne que 23 dans son rapport et la liste qu'il donne diffère de celle de Poinçot comme on va le voir. Selon lui la seigneurie comprenait les localités suivantes : *Villers* (Villé), *Herlebach* (Erlenbach), *Prestebach* (Breitenbach), *Saint-Martin*, *Maisongod* (Meisengott), *Seahit*, *Tresbach* (Triembach ?), *Honchouat* (Honcourt), *Petresolles* (Petersholz), *Wascherch* (Bassenberg), *Urbeiz* (Orbey), *Lagfeh* (Lach), *Mytelchierre* (Mittelscher), *Chier-*

Dans toutes ces localités le duc de Bourgogne avait le droit de haute, moyenne et basse justice. Dans la mairie de Villé, la justice était « gouvernée (au nom du duc) par le maire qui est receveur d'illec avec XII jurez dudit lieu et deux sergens, et tiennent les jours, chacune sepmaine, deux fois, s'il n'y vient empeschement, assavoir le lundi et le samedi, et ont coungnoissance de toutes amendes et de tous cas, et sont lesdites amendes les moindres de cinq sous, les autres de XXX sous, les autres de cinq livres et la plus haulte amende de X livres, et peullent valoir icelles amendes, par communes années, environ X livres de ladite monnoie qui vaillent XX livres à monnoie d'estevenans[1] ».

Dans la mairie d'Erlenbach, c'était le maire qui rendait la justice inférieure et siégeait « chacun lundi en sadite mairie », mais les amendes étaient « de petite valeur et n'y a rien escheu pour ceste présente année (1471), ne ès années précédentes, dont il soit souvenance[2] ». Dans la mairie de Scherviller, « la justice totale appartient à monditseigneur, ensemble des amendes qui s'y peullent monter, par communes années, à trois ou quatre livres de ladite forte monnoie, pour ce VIII livres estevenans[3] ».

Ce n'était là qu'une très faible partie des revenus que le duc

---

ville (Scherviller), *Treffelat* (Dieffenthal), *Plesvillers*; puis venaient *Roichebach* (Roschbach), *Collert* (Colroy), *Scanporch* (Stampemont), *Sallecey* (La Salcée), *Proux* (Bruche), *Neufbourg* et *Salles* (Saales), qui n'appartenaient qu'en partie à la seigneurie d'Ortemberg. (Arch. Côte-d'Or, B. 1051, fol. 27.)

1. Rapp. de Poinçot et Pillet. Arch. Côte-d'Or, B. 1050. — Le produit des confiscations revenait de droit au duc, comme le prouve le passage suivant du même rapport : « Se aucune personne pour ses desmerites est mise à exécution, la confiscation doit appartenir à monditseigneur. » Dans son rapport, rédigé deux ans plus tard, Contault donne le même chiffre des amendes que notent Poinçot et Pillet, mais il le complète en disant que les petites amendes ne dépassant pas deux sols sont partagées entre le maire et les échevins. (*Ibid.*, fol. 5 verso.) De plus, si un étranger vient s'établir dans une localité de la seigneurie avec une femme et si l'on découvre qu'elle n'est pas sa femme légitime, il est condamné à une amende de douze livres, monnaie de Strasbourg, dont six reviendront au duc et les six autres à la paroisse où il demeurera. (Rapp. Contault, fol. 28 recto et verso.) Le produit annuel des amendes n'était pas estimé à plus de 3 livres. (Rapp. Poinçot, fol. 6 verso.)

2. Rapp. Poinçot, fol. 5 verso.

3. *Ibid.*, 6 verso.

de Bourgogne percevait dans la seigneurie. Il n'avait aucun droit sur les marchés[1], il est vrai, mais il y touchait d'autres nombreuses « rentes et revenues et aultres droictures ». Tels étaient les revenus fournis par les dîmes, les tailles, les gabelles, les droits perçus lors des décès, sur les ventes et une série d'autres que nous allons successivement passer en revue.

Les habitants de Steige et de Neubourg, dans la mairie de Villé, devaient la dîme sur le froment, l'avoine, les pois, les fèves « et autres grains et lunaige » valant en moyenne sept livres estevenans « aucuneffois plus, aucuneffois moins [2] ».

Tous les villages de la mairie de Villé, sans exception, étaient taillables deux fois par an, au terme de la my-aoust et à celui de la Chandeleur (2 février). Le produit de ces tailles se montait à 249 livres, 8 sous et 4 deniers estevenans [3]. Les habitants de la mairie d'Erlenbach payaient la taille annuellement à la Saint-Martin d'hiver. Elle se montait à 51 livres de la monnaie en usage dans la seigneurie, ou, évalué en livres estevenans, à 102 livres [4].

La gabelle sur le vin rapportait annuellement, dans la mairie de Villé, 7 livres 10 sous ou 15 livres estevenans [5]. Dans celle de Scherviller, elle ne rapportait que 6 livres, soit 10 ou 12

---

1. « Audit lieu de Villers a marchié chascun jour de mercredi et foires deux fois l'an, assavoir à la my-aoust et à la Nostre Dame de septembre, et doivent les marchands vendans danrées esdites foires et marchiés chascun huit deniers de vente, dont les habitans de Villers prengnent six deniers et ledit maire, à cause de son office, les autres deux deniers. » (Rapp. Poinçot, fol. 4 verso. Rapp. Contault, fol. 29 verso.)

2. Rapp. Poinçot, fol. 2.

3. Ibid. ... « Et donnent chascun an pour lesdits deux termes, par moitié et eugal porcion, six vins quatre livres XIIII s. II d. à la monnoie d'illec, qui vault chacune livre XL s. estevenans; ainsin sont pour l'année à monnoie de Bourgongne XII^{xx} IX l. VIII s. IIII d. estevenans du pris de XL gros la livre, monnoie de Flandres, ainsin que l'avons trouvé et sceu par les anciens receveurs et autres officiers dudit pays. »

4. Rapp. Poinçot, fol. 5 recto.

5. Ibid., fol. 2. « A monditseigneur appartient ung droit de gabelle sur les vendans vin en ladite mairie, assavoir d'une tynne deux pintes, dont l'on prent l'argent de l'une des pintes pour monditseigneur, et les habitants de ladite mairie l'autre pinte au pris que l'on vend ledit vin, et, peult valoir par communes années pour la part de monditseigneur sept livres dix sols de ladite monnoie qui vaillent XV livres estevenans. »

livres estevenans[1]. Ce droit se percevait sur les « vendans vins », mais en outre, le duc percevait encore un droit sur les « habitans de Scheiville, qui ont vignes, et selon les vendanges qui font, ilz se taillent entre eulx, par ordonnance de monseigneur le grand bailly ou de son commis, et vault, à monditseigneur, pour les vendanges de ceste présente année (1471), onze chares de vin, qui vaillent vingt deux quehues ; et peult valoir ladite quehue deux livres de ladite forte monnoie, qui vaillent quatre livres estevenans, vaillant pour tout quatre vingt huit livres estevenans[2] ».

A la mort de tout sujet, chef de famille à Villé, le duc avait le droit de faire prendre le meilleur bœuf, la meilleure vache et le meilleur cheval, toutefois après que les enfants du défunt avaient choisi d'abord trois des meilleurs parmi ces animaux. S'il n'y avait ni bœufs, ni vaches, ni chevaux, le duc était obligé de se contenter d'un lit ou d'un autre meuble de valeur équivalente « selon la faculté et puissance du trespassé[3] ». Mais, « se aucuns des habitants de ladite terre et seigneurie d'Ortemberg va de vie à trespas, et ses enffans ou héritiers ne se mainmortent en ses biens, dans l'an et jour, monditseigneur ou ses officiers, oudit lieu, peullent prendre lesdits biens et les appliquer à son proffit comme vaquants[4] ».

Dans la seigneurie l'usage du four banal n'existait pas, « pource que chascun desdits habitans a accoustumé de

---

1. *Ibid.*, fol. 6 verso. « ... Pour chascune charre, deux tynes, chascune tyne tenant vingt quatre pintes ; et peullent valoir à monditseigneur par communes années de cinq à six livres de ladite forte monnoie, revenant à monnoie d'estevenans à dix ou douze livres estevenans. »

2. *Ibid.*, fol. 6 recto.

3. *Ibid.*, fol. 3 verso. « Monditseigneur a droit sur les hommes des villaiges de ladite mairie de prendre après le trespas de chascun chief d'ostel, c'est assavoir de celui qui a beufz, vaiches ou chevaulx, tel droit qu'après ce que les enffans ou héritiers dudit chief d'ostel auront pris le meilleur à leur choix, le receveur pour ce, en nom de monditseigneur, prent l'autre meilleur après, à son choix, et sur cellui qui n'a beufz, vaiches ou chevaulx, il peult prendre ung lit, roube ou autre meuble selon la faculté et puissance du trespassé. » Ce droit est appelé Phall, Todfall, huobfall, dans la Coutume de Ferrette, publiée par Bonvalot, p. 8.

4. *Ibid.*, fol. 6 verso.

faire four à sa volonté ». Il n'y avait non plus ni mares ni étangs[1].

Dans la mairie de Villé, le duc percevait à la Saint-Martin d'hiver 15 livres, 4 sous et deux deniers sur le froment[2]; il percevait également à la même date 12 livres, 14 sous et trois deniers sur l'avoine[3]. En outre les habitants de cette mairie étaient tenus de lui remettre en deux fois, à la mi-août et à la Chandeleur 352 gelines[4], évaluées en argent à 14 livres, 13 sous et 4 deniers. Ceux de la mairie d'Erlenbach n'en devaient que 108 à fournir également aux deux termes indiqués plus haut, valant 4 livres huit sous[5]. Les habitants de la mairie de Villé avaient à fournir chaque année à la Saint-Martin d'hiver 16 chapons évalués à 16 sous[6]. Ceux

---

[1]. *Ibid.*, fol. 4 recto. Voy. aussi Rapp. Contault, fol. 28 verso.

[2]. *Ibid.*, fol. 2. « La recepte de froment vault en ladite mairie de Villiers, une fois l'an, au jour de feste Saint Martin d'iver, et ne croist ne descroist, LX quartes et cinq mesures; et vault le quarry six mesures, et revient la mesure dudit Villiers à la mesure de Vesoul, qui est bonne mesure; et vault communement ledit quarry II s. de ladite monnoie de Villiers qui vallent cinq sols estevenans, revenant à la somme de VII l. XII s. 1 d. de ladite monnoie vaillent XV l. IIII s. II d. estev. »

[3]. *Ibid.* « La recepte d'avenne, en ladite mairie, vault une fois l'an audit jour de feste Saint Martin d'iver, de cense qui semblablement ne croit ne descroist, LXIII quarriz III mesures et demi, semblable mesure que dessus (mesure de Vesoul) et vault par communes années ledit quarry deux sous de ladite monnoie de Villiers qui vaillent IIII sous estevenans; pour VI l. VII s. II d. monnoie dudit Villiers, vaillent à monnoye d'estevenin XII l. XIII s. IIII d. est. »

[4]. *Ibid.* « La recepte de gelines, deue en ladite mairie de Villiers, deux fois l'an dessusdit, à la Nostre Dame my-oust, VIII[xx] XVI gelines et à la Chandeleur VIII[xx] XVI gelines, qui sont pour l'année III[c] LII gelines vaillant c'est assavoir les VIII[xx] XVI gelines du terme d'aoust chacune geline III d. et celles dudit terme de la Chandeleur chacune VI d. qui vaillent pour lesdits deux termes en argent sept livres six sous VIII d. de ladite monnoie, revenant à la somme de XIIII l. XIII s. IIII d. estevenans. »

[5]. *Ibid.*, fol. 4 recto. « Doivent les habitans de ladite mairie à monditseigneur chacun ans cent et huit gelines à deux termes par moitié, assavoir: à la my-aoust LIIII et à la Chandeleur LIIII, qui vaillent, revenant et évaluées à argent, celles deues audit terme de my-aoust chacune geline quatre deniers vaillant dix sept sols de ladite monnoie, et celles dudit terme de Chandeleur au pris chacune de six deniers vaillant vingt sept d'icelle monnoie; ainsi font XLIII s. qui vaillent en monnoie d'estev. quatre livres huit sols estevenans. »

[6]. *Ibid.*, fol. 2. « La recepte de chappons en ladite mairie se monte chacun an au jour de feste Saint Martin d'iver à XVI chappons, qui ne croissent ne descroissent; et peult valoir chacun chappon en argent VI d. de ladite monnoie qui sont VIII s. d'icelle monnoie, vaillent XVI s. estevenans. »

d'Erlenbach en fournissaient 28 à la Chandeleur évalués également à 16 sous [1].

Les droits pesant sur la fabrication du fromage dans la mairie de Villé rapportaient annuellement 12 livres, 8 sous et 7 deniers. Ils devaient être acquittés en argent à la Saint-Martin d'hiver [2]. A cette même date, on acquittait les droits sur le poivre, soit 30 sous [3].

L'abbaye de Honcourt « qu'est une abbaye assise assez près dudit Ortemberg, fondée à l'honneur de monseigneur saint Michel », devait au duc « à cause de la fondation et garde d'icelle, chascun an une charre de vin, laquelle charre peult revenir à la mesure de Beauné, qu'est environ 2 quehues, qui vaillent quatre livres monnoie dudit Villers, revenant à huit livres estevenans [4] ».

Le duc possédait à Villé « une maison ensuivant d'un jardin derrenier, qui est admodiée pour ceste présente année (1471) à deux livres quatre sols monnoie d'Ortemberg, qui vaillent quatre livres VIII s. estevenans et se paie l'admodiation XX sols estevenans qu'elle doit chascun an de cense, et fault mettre aux réparations en icelle maison, s'il plait à monditseigneur, lesdites quatre livres VIII sols estevenans [5] ».

A Saint-Pierre-Bois, le duc avait « deux pièces de prel, où l'en peult faire environ deux voitures de foing seulement, que lesdits habitans doivent faucher, fener et charroyer ou chastel dudit Ortemberg; et peullent valoir lesdites deux voitures vingt

---

1. *Ibid.*, fol. 4 recto. « *Doivent les habitans de ladite mairie vingt huit chappons chacun an au terme de Chandeleur, au pris de six deniers de ladite monnoie la pière, vaillant huit sols d'icelle monnoie revenant à XVI sols estevenans.* »

2. *Ibid.*, fol. 2. « *La recepte de fromaiges en ladite mairie de Villiers, qui ne croit ne descroit, et qui se paie en argent audit terme de Saint Martin d'iver, vault VI l. IIII s. III d. de ladite monnoie qui vaillent à monnoie d'estevenans XII l. VIII s. VII d. estevenans.* »

3. *Ibid.*, fol. 4 recto. « *La recepte de poivre en ladite mairie de Villers vault chacun an audit terme de Saint Martin de cense trois livres de poivre, qui peullent valoir cinq sols la livre, quinze sols pour lesdites trois livres de poivre revenant à XXX s. estevenans.* »

4. *Ibid.*, fol. 3 verso. Honcourt est orthographié Honcsous.

5. *Ibid.*, fol. 3 verso.

sols estevenans[1] ». A Scherviller, il n'avait qu'un pré « contenant environ trois faulx, dont la pluspart est en buissons et espines, et y peult le faire pourter environ trois chars de foing, que les habitans doivent faucher, fener et charroier à leurs despens en chastel dudit Ortemberg[2] ».

Dans la mairie de Villé, le duc avait encore un bois que Poinçot et Pillet nomment Ybech, « lequel bois est de sappins en montaigne et passaige en Lorraine, qui contient environ deux lieues de Bourgogne, et, quant aucun y est trouvé mesusant, il est amendable de cinq livres de ladite monnoie, dont l'en n'a encore joy d'aucune chose pour ce que les cas n'y sont pas advenus du temps de monditseigneur, et ne scet bien comme les partaiges dudit Ortemberg s'y sont conduiz, par cy-devant, pour ce que l'on n'en peut faire ne recouvrer aucuns enseignements par escript[3] ».

Le duc possédait aussi une rivière que Poinçot appelle Buiz qui est sans doute la Bruche, mais la pêche n'en était pas affermée et le capitaine d'Ortemberg seul en retirait tout le profit[4]. Le duc nommait aussi le titulaire à la cure de Steige[5].

En résumé, le duc de Bourgogne possédait, outre les droits de souveraineté et de justice, les droits suivants : dans la mairie de Villé, la taille, la dîme, des droits sur le froment, l'avoine, les fromages, les gelines, les chapons, la gabelle sur le vin, le droit de meilleur catel sur les décédés et sur les eaux et forêts[6];

---

1. *Ibid.*, fol. 5 verso.
2. *Ibid.*, fol. 6 recto.
3. *Ibid.*, fol. 4 recto.

4. « A monditseigneur appartient aussi une rivière appelée Buiz, qui est bannal, en telle manière que qui y est trouvé mesusant, il paie cinq sols de ladite monnoie d'amende et le capitaine dudit Ortemberg a constume de la faire pescher sans ce que l'en l'ait point veu admodiée de très longtemps. » (Rapp. Poinçot, fol. 4 recto.) Les droits de sceau provenant des actes de vente étaient au profit du maire de Villé : « Le maire de ladite mairie a accoustumé de faire grosses lettres soubz le scel d'icelle mairie quant l'en fait aucun vendaige, sans que monditseigneur y pregne aucun proffit. » (*Ibid.*, fol. 4 verso.)

5. *Ibid.*, 4 recto. « A monditseigneur appartient la collation et donation de la cure de Ceich en tous temps et quantes fois que ladite cure sera vacante. »

6. *Ibid.*, 4 verso. Cette liste avait été dressée par les enquêteurs conformément à

dans la mairie d'Erlenbach, la taille, les droits sur les gelines, les chapons, la gabelle[1]; dans celle de Scherviller, la gabelle, le droit de meilleur catel[2].

Avant de clore ce chapitre sur les revenus du duc dans la seigneurie d'Ortemberg, il reste encore à mentionner, brièvement, plusieurs petites sommes que les enquêteurs de 1471 trouvèrent dans les caisses des trois mairies de Villé, d'Erlenbach et de Scherviller. A Villé ils trouvèrent 10 livres 14 sous (21 livres 9 sous estevenans[3]) reste du compte des années précédentes, plus 33 livres 8 sous 2 deniers, produit de la gabelle sur le vin[4], et enfin 100 florins d'or produit d'une amende infligée à un traître[5]. Le maire d'Erlenbach accusait 24 florins d'or[6] et celui de Scherviller 23 livres ou 47 livres

la déposition faite par « *nobles hommes Jehan de Montjustin, Hans Mayer, escuiers, et Martin, clerc de la justice dudit Villers, et Phophelot(?), maire et receveur audit lieu et de ladite mairie.* »

1. Rapp. Poinçot, fol. 5 verso. Dans cette mairie, « *il n'y a recepte de froment, d'avoine ne d'autre graine, cire, espices ne dismes, fours, molins, estangz, charruaiges, rivière ne autres droits de seignorie, senon ceulx cy-dessus dont monseigneur joyst sans aucune charge de gaigière.* »

2. Ibid., 6 verso. Il n'y avait pas non plus de recette de froment, d'avoine, de pois, fèves, « *ne autres grains, ne aussi bois, rivières, foins, molins ne autres redevances quelxconques* ». A Scherviller il y avait « *huit gentilzhommes qui sont hommes et vassalx de monditseigneur, et leur doivent les habitans dudit Cheiville la somme de soixante trois livres onze sols un denier de taille de ladite monnoie d'Ortemberg, dont les anciens n'ont point reprins ne fait leur devoir. Et en a receu ledit receveur (Hans Fistoich, maire de Scherviller) quarante six livres estevenans et est ordonné audit receveur de recevoir le residu pour en tenir compte à monditseigneur jusques à ce que lesdits vassalx aient fait leur devoir.* » (Ibid. fol. 6 recto.)
Les habitants de Breitenbach payaient encore un autre impôt à l'Âques, « *que l'en appelle la nome aux chiens, qui vault XX sols de ladite monnoie, lesquelx XX sols ledit maire a acoustumé prendre pour ses droits à cause de son office.* » (Ibid., fol. 3 verso.)

3. Rapp. Poinçot, fol. 7 recto. « *Item a receu ledit receveur de son predecesseur maire dudit Villers, dix livres quatorze sols et demi monnoie de ladite forte monnoie qui vaillent vingt une livres neuf sols estevenans.* »

4. Ibid. « *Item a receu des habitans de Villers du vin des gabelles trente-trois livres huit sols deux deniers estevenans.* »

5. Ibid. « *Rapporte ledit receveur cent florins d'or d'une amende arbitrale qu'il a receu d'un homme dudit Villers, nommé Flac Petre, pour ce qu'il avoit fait savoir aux ennemis de monditseigneur certaine entreprise que Hans Maire, chastellain dudit Ortemberg...* »

6. Ibid. « *Du maire de Herllebach vingt quatre florins d'or qui vaillent vingt cinq livres quatre sols estevenans.* »

estevenans[1]. Le châtelain d'Ortemberg Jean Mayor déclarait à son tour avoir encore en sa possession la somme de 91 florins d'or[2].

En somme, les droits dont jouissait le duc de Bourgogne dans la seigneurie d'Ortemberg n'étaient pas trop onéreux pour les habitants qui n'étaient même pas assujettis à l'obligation de faire le guet au château d'Ortemberg[3].

---

1. *Ibid.* « *Recepte extraordinaire que rapporte ledit maire et receveur de Villers en ladite seignorie dudit Ortemberg. Premièrement, ledit receveur met en recepte vingt trois livres et demie, monnoie dudit Ortemberg, qui vaillent quarante sept livres estevenans qui doit de reste du compte fait par messeigneurs de Hamestey (Hamstein), lieutenant de monseigneur le bailly de Ferrete, et est ladite reste deue avant la conqueste dudit Ortemberg.* »

2. *Ibid.*, fol. 7 verso. « *Item, rapporte en recepte ledit Hans Maire, escuier, commis à la garde du chastel dudit Ortemberg, avoir receu d'autres personnes la somme de quatre vingt onze florins d'or qu'il a gaingné et pris au nom et à l'adveu de monditseigneur, qui vaillent à livres estevenans quatre vingt quinze livres onze sols estevenans; laquelle somme monseigneur le bailly de Ferrete à lui appartenir comme capitaine, et en sera fait au bon plaisir de monditseigneur, et aussi ledit Hans en dit avoir fait plusieurs missions; pourquoy n'y avons autre chose faite sans en avoir autre ordonnance de monditseigneur.* »

3. *Ibid.*, fol. 4 recto. « *Les habitans de ladite mairie (Villé) dient qu'ils ne sont tenus de faire aucun guet ou garde au chastel dudit Ortemberg, ains se doivent faire lesdits guet et garde aux despens de monseigneur.* » Contault confirme l'existence de ce privilège deux ans plus tard en disant que les habitants de la seigneurie sont francs des droits de garde, de guet et de réparations à Ortemberg, sauf toutefois 3 ou 4 habitants qui peuvent *quelquefois* être appelés à faire ce service (fol. 29 recto).

www.ingramcontent.com/pod-product-compliance
Lightning Source LLC
Chambersburg PA
CBHW060956050426
42453CB00009B/1190